Basilio Villarino

Diario de la navegación
emprendida en 1781, desde el Río Negro, para reconocer la Bahía de Todos los Santos, las Islas de Buen Suceso y el desagüe del Río Colorado

Barcelona **2024**
Linkgua-ediciones.com

Créditos

Título original: Diario de la navegación emprendida en 1781, desde el Río Negro, para reconocer la Bahía de Todos los Santos, las Islas de Buen Suceso y el desagüe del Río Colorado.

© 2024, Red ediciones S.L.

e-mail: info@linkgua.com

Diseño de cubierta: Michel Mallard.

ISBN rústica: 978-84-9816-782-5.
ISBN ebook: 978-84-9897-631-1.

Cualquier forma de reproducción, distribución, comunicación pública o transformación de esta obra solo puede ser realizada con la autorización de sus titulares, salvo excepción prevista por la ley. Diríjase a CEDRO (Centro Español de Derechos Reprográficos, www.cedro.org) si necesita fotocopiar, escanear o hacer copias digitales de algún fragmento de esta obra.

Sumario

Créditos _____ 4

Brevísima presentación _____ 13
   La vida _____ 13

Diario de la navegación _____ 15

Día 12 de abril de 1781 _____ 15

2 _____ 15

3 _____ 16

Día 4 de mayo _____ 17

Día 5 _____ 17

Día 6 _____ 18

Día 7 _____ 18

Día 8 _____ 18

Día 9 _____ 19

Día 10 _____ 19

Día 11 _____ 19

Día 12 _____ 20

Día 13 _____ 20

Día 14 _____ 20

Día 15 _____ 20

Día 16 _____ 20

Día 17 _____ 20

Día 18 _____ 21

Día 19 _____ 21

Día 20 _____ 21

Día 21 _____ 22

Día 22 _____ 22

Día 23 _____ 22

Día 24 _____ 22

Día 25 _____ 22

Día 26 _____ 22

Día 27 _____ 23

Día 28 _____ 23

Día 29 _____ 23

Día 30 _____ 23

Día 31 _____ 24

Día 1.º de junio _____ 24

Día 2 _____ 24

Día 3 _____ 25

Día 4 _____ 25

Día 5 _____ 25

Día 6 _____ 26

Día 7 _____ 26

Día 8 _____ 27

Día 9 _____ 27

Día 10 _____ 27

Día 11 _____ 27

Día 12 _____ 28

Día 13 _____ 28

Día 14 _____ 28

Día 15 _____ 29

Día 16 _____ 29

Día 17	29
Día 18	29
Día 19	30
Día 20	30
Día 21	30
Día 22	31
Día 23	31
Día 24	31
Día 25	31
Día 26	31
Día 27	31
Día 28	32
Día 29	32
Día 30	32
Día 1.º de julio	32
Día 2	32

Día 3	32
Día 4	32
Día 5	33
Día 6	33
Día 7	33
Día 8	33
Día 9	34
Día 10	34
Día 11	34
Día 12	35
Día 13	35
Día 14	35
Día 15	35
Día 16	35
Día 17	35
Día 18	35

Día 19	36
Día 20	36
Día 21	37
Día 22	37
Día 23	37
Día 24	37
Día 25	38
Día 26	38
Día 27	38
Día 28	38
Día 29	38
Día 30	39
Día 31	39
Día 1.º de agosto	39
Día 2	39
Día 3	39
Día 4	40

Día 5 _____ **40**

Día 6 _____ **40**

Día 7 _____ **41**

Advertencias a los navegantes a estos destinos _____ **41**

Libros a la carta _____ **49**

Brevísima presentación

La vida
Basilio Villarino (1741-1785). España.
Nació en La Coruña en 1741 y llegó al Río de la Plata en 1773 en la fragata Perpetua, al mando del capitán Bustillos. Su largo viaje por la Patagonia argentina comenzó en 1778, con la exploración de los ríos Colorado, Negro, Deseado y Limay, entre otros. En 1779 formó parte de la expedición de Francisco de Viedma, quien fundó Carmen de Patagones, y en 1782 recorrió las márgenes de los ríos Collón Curá y Negro, hasta la confluencia de éste con el Limay y el Neuquén.
Tras el descubrimiento de la isla Choele Choel, en 1783, renunció a seguir su viaje de exploración ante la hostilidad de los indígenas. Murió en enero de 1785 a manos de los indios del Cacique Negro, en la expedición a la sierra de la Ventana.
Este diario recoge las observaciones de Villarino en el curso de sus viajes.

Diario de la navegación

Diario de la navegación que va a hacer don Basilio Villarino, segundo piloto de la Real Armada, con las dos embarcaciones de su mando, el bergantín Nuestra Señora de Carmen y Ánimas, y la chalupa San Francisco de Asís, desde el Río Negro, a reconocer la costa, la Bahía de Todos los Santos, Islas del Buen Suceso y demás adyacentes, buscar el desagüe del río Colorado, y penetrar su entrada, de orden del Comisario Superintendente de estos establecimientos, el señor don Francisco de Viedma

Día 12 de abril de 1781

A las ocho y media de la mañana tiré la última pieza de leva, y me hice a la vela del establecimiento con las expresadas embarcaciones, y viento N bonancible. A las cuatro y media de la tarde llegué a la boca del Río Negro, remolcando el bergantín con el bote y la chalupa, por estar calma; en cuyo paraje di fondo, a esperar tiempo a propósito para emprender mi navegación, el que no pude conseguir hasta el 4 de mayo, en cuyo intervalo de tiempo tuve lugar de registrar la barra (el que no había tenido antes) como a satisfacción la registré en los días que el tiempo lo permitía; y no sin muchísima utilidad, pues descubrí por la parte del N una canal, mejor que la que hasta ahora practican los navegantes a este río por la parte del S.

2

Esta canal hace fácil y poco arriesgada su navegación a este río, su entrada y salida casi con todos vientos, sin atender a otra cosa que a las marcas: lo que no sucedía antes, pues era preciso combinar éstas con los vientos, y estos debían ser favorables en el único punto de la pleamar, cuya circunstancia eternizaba las embarcaciones, que fondeadas de la parte de adentro iban a entrar, pues no concurriéndoles en aquel punto de la pleamar viento favorable, permanecían fondeadas afuera. Y aunque a mí nunca esta circunstancia me detuvo, pues casi siempre he entrado con viento contrario, y se ha visto lo muy cerca que alguno ha estado de perderse, por permanecer afuera fondeados; por lo cual convendría que los navegantes a este establecimiento se instruyesen bien en la barra de este río y sus canales, a fin de asegurar sus vidas y los reales intereses; pues solo la falta de práctica es la que ocasiona los muchos riesgos y detenciones que continuamente se experimentan.

Parece que contradice lo que llevo dicho, el haber yo estado desde el día 12 de abril hasta el 4 de mayo fondeado en la boca aguardando tiempo oportuno para mi viaje: pero no es así, porque yo salgo a un reconocimiento, de cuyo paraje no se sabe otra cosa que lo muy peligroso que es, que precisamente debo salir a tal hora que pueda pasar en el día los bajos de Punta Rubia; que el viento tal que no proporcione de día esta navegación, y que lo pueda resistir una embarcación menor como es la chalupa que llevo conmigo sin exponerla a zozobrar; y que la mar sea a propósito, para que así mismo la pueda resistir, y otras infinitas circunstancias a que me es indispensable atender, como conocen los inteligentes en la navegación; y únicamente el asegurar las comisiones que se me han encargado pudieron a veces detenerme algunos días fondeado en la boca, pero no los vientos contrarios ni aun las noches, pues he entrado y salido por la barra, sin que uno ni otro me sirviese de estorbo aun antes de descubrir esta canal: pero ahora descubierta, es mucho más fácil esta navegación, por lo que se hace preciso que se hagan prácticos en ella todos los que navegan al Río Negro. Los vientos que regularmente detienen en la boca de este río a los que van a salir de él para Buenos Aires, son del tercer cuadrante, y estos son contrarios hasta salir de la barra por la canal del S; pero en saliendo de ella, todos son vientos largos para hacer esta navegación. Por la canal del N son favorables, pues esta corre con la boca del río ENE y OSO; y en esta inteligencia, los que más detenían las embarcaciones antes que se descubriese, son ahora los más favorables.

3

Del mismo modo, los vientos que tenían las embarcaciones fondeadas afuera de la barra, tan expuestas a perderse cuando venían a entrar, eran del primer cuadrante y del cuarto; esto es, desde el ENE hasta el NO, los cuales son asimismo favorables por la expresada canal.

Únicamente solo un temporal, o los vientos del segundo cuadrante, pueden detener los barcos que salen de Río Negro para Buenos Aires, fondeados en la boca, por ser estos contrarios a esta navegación y travesías a la costa;

pero la entrada no la pueden estorbar a los inteligentes en las dos canales del S y del N (a no ser un temporal desecho, que no pueda aguantar) ninguna especie de vientos, sea donde se fuere.

Día 4 de mayo
A las siete y media de la mañana metí el bote a bordo, y a las ocho y cuarto me hice a la vela con viento ONO medianamente fresco. A las ocho y media estaba a distancia de 100 varas de la punta del N del río, y seguí gobernando al ENE, a pasar por la canal del N. A las nueve estaba en la menor agua, que fue de dos brazas, y demarqué la punta del N del río al OSO, distancia de cuatro millas, y seguí a dicho rumbo hasta las nueve y media que goberné al NE, siempre barajando, la costa a distancia de media legua, y lo más separado de ella fue una legua. A las once se llamó el viento al S recio, por lo que me fue preciso acortar de vela por esperar la chalupa, y llevarla siempre a mi costado para socorrerla en caso de que no pudiese aguantar. A la una y tres cuartos entré en los bajos de Punta Rubia, sobre los cuales pensé largase la quilla esta embarcación; pero, ya varando, ya saliendo, estuve hasta las dos, que dobló la dicha punta y salimos a más agua, y a este tiempo metí en vuelta del ONO, barajando la costa a distancia de un cable. A las cuatro de la tarde me hallé entre la Isla de las Gamas y tierra firme, en tres brazas de agua, y di fondo en este sitio por ser abrigado, a fin de hacer aquí algunos reconocimientos. A las cuatro y media eché el bote al agua, y fui a reconocer el brazo de mar que entra entre la tierra firme y la Península de los Jabalís, por haberme parecido desde el tope laguna. Habiendo llegado a él, probé el agua salada, y por ser ya de noche me volví a bordo; en este intermedio hice tender la red a los marineros, y se pescaron algunos pejereyes y bacalaos.

Día 5
Amaneció con el viento ONO: duró sin que permitiese hacer diligencia alguna, ni salir de a bordo.

Día 6
Salí de mañana a reconocer la tierra, y mandé la chalupa a que reconociese una isla que está a la parte del N: todo el día estuve en tierra y reconocí los dos arroyos, que llevan las nombres de Arroyo Hondo y Arroyo Chico: en el primero hallé cuatro brazas de agua en pleamar, cuyo fondo sigue una milla, arroyo arriba, y es excelente para estar fondeadas dentro de él embarcaciones, pues no puede haber temporales que las incomoden; el segundo es menos hondable, más angosto y de menos caudal. La tierra es arenisca y sin leña, pero no falta pasto: su calidad es mejor que la del Río Negro, exceptuando la llanura de éste a donde lo bañan las corrientes; hallé rastro fresco de caballos silvestres, como de setenta animales, y abunda de perdices, leones, jabalíes y liebres. Se tendió la red y se pescaron pejereyes, sollas y bacalao, pero poco. Al anochecer volví a bordo.

Día 7
Al amanecer bajé a tierra a reconocer el campo, a fin de hallar agua dulce, observando la latitud, y la hora de la pleamar: anduve toda la mañana sin que pudiese descubrir agua. Al mediodía observé el Sol a la lengua en 40° 32', y la pleamar a la una y tres cuartos de la tarde, y siendo en el Río Negro en este día, a las once, tres quintos, se sigue que hay dos cuartos nueve minutos de diferencia de un puerto a otro. Al anochecer me retiré a bordo, y se mataron hoy diecisiete jabalíes, a cuyo tiempo llegó la chalupa de registrar la isla, en la que no hallé otra cosa digna de notar que muchas gamas; estando ésta circundada de mar por todas partes, y siendo la distancia más breve a tierra firme de cinco millas, de las cuales trajeron diez muertas.

Día 8
A las ocho y tres cuartos de la mañana me hice a la vela en vuelta del ONO, con el viento SO fresco. A las nueve y media viré por avante con vuelta del SSO, por haber dado encima de un bajo; a las nueve y treinta y dos minutos viré por causa de otro; a las nueve y cincuenta minutos volví a virar por el mismo motivo, hallándome casi encima de otro; a las diez volví a virar por lo mismo; a las once viré en vuelta de SE, por hallar solo una braza de agua; a

las once volví a virar a buscar más agua; y a las doce di fondo en 7 brazas, y observé el Sol en 40° 25' de latitud, y por descargar el viento por el SO, duro, me mantuve dado fondo el resto del día.

Día 9
Amaneció claro, el viento por el O fresco. A los nueve y media me hice a la vela; a las diez y cuarto viré en vuelta OSO por haber hallado poco fondo; a las diez viré en vuelta del N, por la misma razón; a las once volví a virar por causa de un bajo, y a las doce y cuarto di fondo por hallarme cercado de infinitos bajos, en 5 brazas de agua lama, habiendo arreciado tanto el viento, que se hallaron a riesgo de perderse las embarcaciones. Al anochecer abonanzó algo el viento.

Día 10
Esta mañana me hice a la vela, continuando mi navegación y reconocimientos. A las nueve y tres cuartos varé en un desplayado grande, que hace entre tierra firme y los muchos bajos que están sembrados por todo este saco. A las doce y media pude sacar la embarcación, y volví a hacerme a la vela; a las dos y cuarto de la tarde volví a varar, y tan de firme que no fue posible poder sacar el bergantín.

Día 11
Seguí siempre con la faena de sacar el bergantín (que sería prolijidad referir aquí los trabajos y maniobras que se hicieron en esto), el que pude poner en flote a las tres y media de la tarde, a cuyo tiempo me hice a la vela en vuelta del ENE 5° E. A las cuatro di fondo en 2 brazas de agua, cerca de la Isla de Vaqueriza. Inmediatamente bajé a ella, y la atravesé hasta la parte opuesta que tiene media legua de ancho, y me parece que con tiempos fuertes se anega toda. En ella no he visto animal alguno, ni rastro de ellos: hice tender la red y se tomaron pejereyes, pero grandes y de especial gusto, y a las seis y media de la noche me retiré bordo.

Día 12
Este día se mantuvo el viento de NO, pero tan fuerte que no permitió hacer operación alguna.

Día 13
Amaneció claro, y el viento al NO recio: mandé seis marineros descalzos para que reconociesen la isla por la parte del NE, que por ser pantanosa no se puede andar calzado. Luego que caminaron como 2 leguas, tuvieron que volverse por el mucho pantano y arroyos que les estorbaron el seguir adelante: llegaron a bordo a las dos de la tarde; el viento se mantuvo muy fuerte todo el día, y así anocheció.

Día 14
Este día continuó el viento del NNO tan recio, que ni aun pude salir de a bordo, de cuyo modo anocheció.

Día 15
Siguió el tiempo de la misma conformidad.

Día 16
Amaneció claro, y el viento al N fresquito, a cuyo tiempo embarqué en la chalupa víveres para ocho días, y salí con ella dejando fondeado el bergantín en el expresado paraje. Seguí el Arroyo del Baradero, y habiendo llegado a su barra no tuve agua para pasar, por lo que di fondo y allí pasé la noche.

Día 17
A las siete y media de la mañana salí de la expresada barra, y navegué al NNE hasta las doce del día, que habiéndose llamado el viento a la proa, navegué a remo hasta las tres de la tarde, que desembarqué en la Isla de Bordas, y desde ella observé que rompía la mar por la parte de afuera, desde el NE hasta el SE.
En esta isla no hallamos otra cosa que chorlitos, gaviotas y lobos marinos; e inmediato a ella fondeamos la chalupa, y nos quedamos a hacer noche.

Día 18
A las siete de la mañana salí, dando vuelta por el NNO NO y SO, siempre por el fondo desde 3 palmos a 7, a excepción de algunos pozos o cañalizos muy angostos, hasta que legué a 3 brazas de agua, y 2 y media arrimado a la Isla de Urristi, cuyo sitio es un buen fondeadero abrigado y de buena tenazón. Desde este sitio fui siguiendo la canal, pero a distancia de media milla dimos sobre bajos, después de haber varado infinitas veces: arrimamos a la isla para aguardar la bajamar, a ver si en ella descubría algún canalizo por donde seguir; observé la pleamar a la una y un quinto de la tarde, de que se sigue que el día de la conjunción será a las cinco y un quinto. Habiendo bajado el agua, se repartieron los marineros por los desplayados, y el proel de la chalupa pasó hasta la tierra firme desnudo, nadando algunos pozos; el que llegó de noche con la noticia de que todo el trecho que hay desde la isla a tierra no tiene canal alguna, pero que se había visto muchas veces casi sumergido en fango. Desde esta isla para el NNE se descubre un laberinto de bajos y juncales, y todo fango intransitable. A las nueve de la noche descargó una turbonada de viento y agua con truenos, y así se mantuvo toda la noche.

Día 19
Este día salí dando vuelta a los bajos, gobernando al S E y SSE, y habiendo navegado 2 y media leguas, gobernó al SO 1/0 y SSO, hasta la noche que di fondo en una y media brazas de agua.

Día 20
Salí al amanecer para a bordo del bergantín, a fin de traerlo hasta la Isla de Bordas, para aproximarlo más al Colorado, y seguir de allí con las embarcaciones menores al reconocimiento, y porque me faltaban víveres, y no me era posible con los que tenía seguir adelante el reconocimiento, con sola la chalupa me costó bastante hallar la boca del Arroyo del Baradero pues sobre no tener más que 15 varas de ancho, no tiene señal alguna por donde se conozca, por ser todo mar alrededor como 2 leguas, y con una y media brazas de agua. A las tres y media de la tarde llegué a bordo del bergantín,

que ya estaba inmediato a la barra del arroyo, que así se lo había prevenido al piloto a mi salida. Anocheció lloviendo, y así se mantuvo toda la noche.

Día 21
Al amanecer mandé el bote a poner balizas en la barra del arroyo: todo el día estuvo lloviendo, y el viento al NNE recio.

Día 22
Este día estuvo el viento por el N recio, y por ser contrario no pude salir con el bergantín a la barra.

Día 23
Este día de la misma conformidad estuvo el viento fuerte, y contrario por el ESE, y lloviendo.

Día 24
De la misma suerte ha estado lloviendo, y el viento del primer cuadrante recio.

Día 25
Amaneció nublado y el viento al SSO, al cuyo tiempo me hice a la vela. A las ocho y media varé junto a la primera baliza, y empecé la faena de sacar la embarcación, habiendo arreciado el S. A mediodía observé el Sol en 40° 14' de latitud. A las dos de la tarde salió la embarcación, y me hice a la vela, y volví inmediatamente a varar; tendí dos espías para salir, y habiéndola puesto a las tres en flote, me hice a la vela y volví a varar a las tres y media, a cuyo tiempo volví a la faena de sacarla. A las cinco conseguí poner el bergantín en la canal, y me amarré a pasar la noche.

Día 26
Amaneció claro, y el viento al O recio. A las seis y tres cuartos me hice a la vela, y a las siete y media varé, y aunque se trabajó muchísimo no fue posible sacar la embarcación. A las diez fue el bote, y puso 9 balizas en la canal. Al mediodía observé 40° 14'. A las cuatro y media de la tarde saca-

mos el barco de donde estaba varado, habiendo trabajado todo el día en esta faena, a cuya hora me hice a la vela, y hice recoger la balizas. A las cinco estaba fuera de la barra. Al anochecer di fondo en 5 brazas de agua: pasamos la noche con viento del cuarto cuadrante recio, y tanto que me fue preciso meter el bote a bordo.

Día 27
Amaneció viento del cuarto cuadrante recio; a las doce se llamó al SO. A la una, habiendo algo abonanzado, me hice a la vela, y se me cayó el reloj al agua, quedándome sin siquiera una ampolleta para gobierno, y sin reloj alguno a bordo de ninguna especie. Seguí adelante, gobernando al N 1/2 NO. A las tres di fondo, y reconociendo que no era buen paraje, zarpé el ancla y me hice a la vela, y navegué por 31 1/2 4 1/2, 5 y 6 brazas de agua, y di fondo en 2 1/2, a distancia de una milla de la Isla de Bordas, demorando ésta por su medianía al N NO.

Día 28
Amaneció el viento al OSO fresco, y fui a la Isla de Bordas a observar la latitud, que es de 40° 3'. A las doce y media mandé la mitad de la gente a bordo, por haber arreciado mucho el viento, y fue tanto que no pudo volver el bote en busca mía, ni de la demás gente. Siguió siempre el temporal, y me quedé en la isla esta noche, habiendo sido preciso a bordo dar fondo a la esperanza.

Día 29
Amaneció el viento al SO recio. A las nueve de la mañana habiendo disminuido un poco, vino el bote, y me fui a bordo. A las diez mandé el bote a llevar víveres a la chalupa, que estaba fondeada de la parte del N de la isla, y le era imposible venir a bordo. A las cuatro de la tarde llegó el bote a bordo; anocheció con el viento al SSE fresco.

Día 30
Amaneció con el viento por el N fresco, y a las ocho atracó la chalupa a bordo, y le hice embarcar ocho días de víveres. A las cuatro de la tarde

me hice a la vela para mejorar de fondeadero, y por ser la canal angosta y viento contrario, varé dos veces, y con una hora de noche di fondo en 4 brazas de agua.

Día 31
Este día estuvo el viento por el NO duro, por lo que me mantuve fondeado, y se le pusieron a la chalupa baileos nuevos por estar los otros inservibles.

Día 1.º de junio
A las ocho de la mañana me hice a la vela con viento SO fresco, y goberné al N 1/2 NE hasta que hallé 5 brazas de agua de la parte del NE de la Isla de Bordas, que por haber visto reventar la mar y bajos por todas partes, di fondo en dicho sitio hasta reconocerlos. A la una de la tarde mandé la chalupa con el piloto a la Punta de los Lobos, para que registrase los bajos, y viese si había sitio a donde echar el caballo en tierra, a fin de reconocer la boca del Colorado por considerarme ya muy cerca de su desagüe. Al ponerse el Sol tendí la ancla grande, por haberse puesto el horizonte de mal semblante. Al anochecer entró el viento por SO a ráfagas muy fuerte con granizo, y mandé izar un farol al tope mayor, para que le sirviese de guía a la chalupa. A las seis llegó a la chalupa a bordo, con la noticia de haber hallado cerca de la Punta de los Lobos 5 brazas de agua.

Día 2
A las ocho de la mañana zarpé las anclas, y me hice a la vela para la Punta de los Lobos. A las nueve y media tocó el barco y fue arrastrando como dos cuadras, hasta que cayó en 5 brazas. A las diez y media di fondo en 5 brazas de agua, inmediato a la expresada punta, habiendo navegado en vuelta de N 1/2 NE. A las cuatro y media de la tarde volví a hacerme a la vela, para mejorar de fondeadero, y navegué al NO 1/2 O una milla, y a las cinco di fondo en 4 brazas fango, y aseguré la embarcación con los mejores cables. Anocheció de mal semblante, y a las tres de la mañana se achubascó el tiempo, y descargó por el OSO una turbunada de viento que parecía huracán, y duró hasta las cinco, que se llamó al SO algo más benigno.

Día 3
Amaneció el viento al SO recio, a cuyo tiempo mandé tres hombres a que reconociesen la tierra, y que siguiesen lo posible al NNO, pues allí considero el desagüe del Colorado. A las ocho registré la aguada, y visto la poca que tenía por la mucha que se había vaciado por la inutilidad de la vasijería podrida, hice cerrar la caldera del mate, y di orden que se diese de beber una sola vez a los animales media ración, y que la gente bebiese por un cañón de fusil, y mandé la chalupa a un arroyuelo de agua salada para su seguridad, pues inmediata al bergantín está expuesta a irse a pique. Todo el día se mantuvo el viento al SO duro, y anocheció de la misma conformidad, sin que los tres que fueron a reconocer hubiesen parecido.

Día 4
Me embarqué de mañana en el bote, y fui a reconocer la ensenada: entré por un arroyo y lo seguí como dos leguas, hasta que no hallando agua para el bote, por esparcirse esta en diversos arroyos muy pantanosos de fango, di vuelta y pude desembarcar, aunque con fango a la rodilla. Subí a un cerrito, en el que hallé paja cortadera y apio, y desde él divisé, aunque confusamente, dos árboles, que se me figuraron dos sauces, junto a los cuales había yo bebido agua el año pasado, en el viaje que por tierra hice al Colorado; y aunque estaban como 4 leguas de distancia, le dije al contramaestre que estaba conmigo que me acompañase, y siguiésemos hacia los dichos árboles. Habiendo caminado como una legua, y siempre por puro pantano, nos hallamos cercados de arroyos sin poder pasar adelante; di vuelta y vine por el arroyo adonde estaba refugiada la chalupa, y la hallé varada, sin que fuese posible en la pleamar echarla al agua. Aquí hallé los tres hombres que fueron al reconocimiento, los cuales de ningún modo pudieron transitar este terreno, lleno de fango pantanoso, arroyos y maleza: al anochecer volví a bordo.

Día 5
Amaneció lloviendo con el viento NO duro. A las doce del día, habiendo algo aplacado, mandé en el bote, dieciocho hombres a que pusiesen la

chalupa en flote, y con ellos el contramaestre, para que abriesen pozos en el Cerrito del Apio, por ver si se sacaba agua dulce. A las tres de la tarde llegó el bote con diez hombres, y los restantes se quedaron abriendo dichos pozos: volvió a reciar el viento tanto, que no fue posible mandar el bote en busca de la gente a tierra, el que me fue preciso meter a bordo porque no se fuera a pique. Siguió el temporal toda la noche.

Día 6
A las ocho de la mañana eché el bote al agua, y lo mandé en busca de la gente a tierra, y de todos ellos solo el contramaestre y un marinero pudieron pasar el pantano para embarcarse en él, y los restantes, temiendo quedar ahogados en el fango, no se determinaron a pasar el pantano que mediaba entre ellos y el bote; los dos marineros, Eusebio González y Manuel Alcain, al amanecer volvieron a emprender la descubierta del río Colorado, a los cuales les había yo dado la señal de los dos árboles mencionados arriba. A las once y cuarto llegó el bote a bordo, y me hice a la vela, aproximándome más al Colorado, aunque con viento por la proa. A las dos di fondo en 3 brazas de agua, 3 millas al O de donde estaba fondeado, y a este tiempo llegó la chalupa a bordo y trajo los dos que habían ido al reconocimiento, los que no pudieron llegar a los árboles expresados, por los infinitos arroyos de agua salada y pantanos. Al anochecer tuve que meter el bote a bordo, por el mucho viento y marejada.

Día 7
Al amanecer aseguré la embarcación con las mejores amarras que tenía. A las ocho mandé la chalupa que fuese en la vuelta del E a reconocer, y yo me embarqué en el bote y salí de la vuelta del O con cinco días de víveres, estando el tiempo más bonancible, a fin de hallar paraje adonde desembarcar en tierra firme; pues considero que el Colorado está muy cerca, y pudiendo llegar a tierra, precisamente lo hallaré, o a lo menos conoceré en la calidad del campo, a qué distancia me hallo de él, por haberlo ya transitado. A las diez llegué a la boca de una canal que sigue al NO, entré por ella y seguí siempre, y tenía más caudal, pues de esta salen innumerables canales. A las doce llegué a donde se dividía en dos iguales, y viendo en la

que seguía al NE unas tomitas que estaban por ella, así por esto, corrió por seguir mejor rumbo que la otra, determiné seguirla. A las dos de la tarde desembarcamos en tierra, pero de la parte de adentro había un arroyo pantanoso: éste lo pasó el contramaestre con tres marineros, y siguieron hacia los árboles. Yo que esperaba que bajase el agua para pasar, probé en este intermedio el agua y la hallé casi dulce, y no quedándome la menor duda que por allí desaguaba el Colorado, o a lo menos alguna porción de él, tiré algunos tiros llamando al contramaestre y marineros, los que volvieron, habiendo bebido agua dulce en el dicho río. Nos embarcamos, y seguimos aguas arriba, hasta la noche que nos acampamos en la orilla, bebimos agua dulce con alguna mezcla de salada, como la de la mar.

Día 8
Al amanecer volví a buscar el bergantín que me tenía con bastante cuidado el tenerlo fondeado afuera, dejado el reconocimiento del río principal para después de tenerlo asegurado adentro. A las doce llegué a bordo, y le hice señal a la chalupa de que viniese a bordo, que había ido a cortar leña, la que llegó a la una de la tarde. Pasamos aquí el resto del día y la noche, por estar el viento contrario.

Día 9
Amaneció el viento al E bonancible y lloviendo, y empecé la faena de llevar las anclas. A las siete y media me hice a la vela para el Colorado. A las once del día llegué a la Horqueta de las Tominas, y por ser aquí contrario el viento, di fondo a esperar viento favorable. Pasamos el resto del día y la noche con el viento por el E fresco y lloviendo.

Día 10
Este día se mantuvo lloviendo, y el viento al ENE recio, por lo que no fue posible salir de este sitio.

Día 11
Amanecí con el viento al S bonancible, y tuve que esperar la bajamar para poder hacerme a la vela y navegar, pues de marea crecida en este paraje no

es posible. A las diez y media zarpé, y me puse en derrota para el Colorado. A las doce y media quedé varado de la parte de adentro de la Punta de los Zaramagullones, y mandé el bote a balizar la entrada, que tenía a este tiempo muy poca agua. A las cinco de la tarde puse la chalupa y bote al remolque por la proa, y con toda vela, por estar casi calma, procure entrar. A las seis de la noche volví a varar, por lo que fue preciso tender espía para sacar la embarcación, y ejecutado, mandé poner faroles en las balizas, que por ser la noche oscura no se veían, y volví a tentar la entrada que conseguí a las ocho de la noche, en cuyo sitio di fondo, a dejar para mañana el saber cuál sea el principal Colorado, pues sé que estoy en su entrada.

Día 12

Este día mandé la chalupa con el piloto a buscar el río principal, y yo salí asimismo con el bote por ser tantos los canales que hay, no es fácil hallar el principal. A las dos de la tarde ya estaba cerciorado cual era el río principal, y lo seguí aguas arriba hasta la Isla de Lobos. A las cuatro y media de la tarde di vuelta y llegué a bordo a las siete de la noche, y no pareció la chalupa.

Día 13

Al amanecer hice señal a la chalupa para que viniese a bordo. A las siete y media zarpé el ancla, y con el bote al remolque y a la cisga seguí con el bergantín el río aguas arriba, y a las doce quedamos varados. A este tiempo mandé la gente a tierra a pegar fuego al pajonal y carrizal que tiene este río en sus márgenes, pues si estando el tiempo algo seco pegaran fuego los indios u otros cualesquiera, estando la maciega en el estado de hoy, precisamente se quemarían las embarcaciones que estuviesen ancladas en él; por lo que debe el que entre, tener cuidado de limpiar y quemar la dicha maciega. A las diez de la noche puse la embarcación en flote.

Día 14

Este día tuve la felicidad de colocar el bergantín en el principal brazo del Colorado, y a donde no llega el agua salada, y salí a tierra con los marineros a pegar fuego a la maciega, así por el motivo dicho arriba, como para que, viéndolo los indios, vengan a donde estoy, para por medio de ellos dar parte al señor don Francisco de Viedma de mi entrada en este río; pues me tiene con bastante cuidado, el que dicho Señor tendrá de esta noticia, así por ser la estación en que salí a este reconocimiento, la más rígida del año, como por ser esta navegación hasta ahora ignorada de todos; y saber de cierto por informe y diario mío, que le presenté a mi llegada del viaje que hice por tierra, costeando la mar a este río, por el mes de mayo del año próximo pasado, que esta costa está llena de infinitos bajos; cuyas circunstancias, juntas con cuarenta y dos días que ha que salí del Río Negro, le ocasionarán bastante indisplicencia.

Día 15
Bajé a tierra con la gente a pegar fuego, siguiendo los reconocimientos de la calidad del terreno, y a la noche volví a bordo.

Día 16
Al amanecer me embarqué en la chalupa, y seguí reconociendo el río aguas arriba, dejando orden al piloto para que asimismo mudase el bergantín una legua más arriba, siempre que tuviese viento favorable, por ser éste mejor paraje; navegué todo el día, bajando varias veces a tierra, por reconocer la calidad de ella. A la noche me acampé en una isla del río, habiendo pegado fuego en toda su orilla.

Día 17
Seguí río arriba, haciendo las mismas diligencias que el día de ayer, hasta que llegué a una isla de sauces, adonde me había acampado el año pasado: allí hice noche.

Día 18
Este día al amanecer me puse a la vela para bordo del bergantín, con el cuidado de si llegasen indios. A las cuatro de la tarde llegué a bordo, y hallé una carta del señor don Francisco de Viedma que había entregado al piloto un indio, que con otros cuatro había llegado a bordo el día de ayer; y aunque el piloto los agasajó bastante y los regaló, no quisieron quedarse

por no haberme hallado; pero quedaron en volver para llevar la respuesta de dicha carta, fecha 14 de mayo; y el bergantín lo hallé ya en el paraje que al piloto le había prevenido.

Día 19
Este día eché la vasijería en tierra, el caballo (que hasta ahora no había hallado paraje para desembarcarlo), y todos los útiles de a bordo, a fin de limpiar la embarcación, y achicarle el agua: y asimismo eché en tierra anclas y cables, y monté la artillería y bajé a tierra a cerciorarme bien de su calidad, la que ciertamente supera, a cuanto he visto en la Costa Patagónica, y creo compite con los mejores parajes, cuyo juicio hice el año pasado, y expuse en el diario citado arriba: pero no siendo esto de mi profesión, suspendo lo que pudiera decir en el asunto, por no errar; dejándolo a los inteligentes en la agricultura (aunque ésta no me es totalmente desconocida). Luego que llegué a bordo, que fue bien cerca de noche, llegaron a un cerrito, por la parte del N, como de cincuenta a sesenta indios: inmediatamente mandé el bote y la chalupa a que condujesen algunos y trajeron cinco, y una mulata lenguaraz: entre ellos venía el que había conducido la carta del Superintendente, a los que agasajé y regalé con aguardiente (la mitad agua del Colorado) poleadas y bizcocho; y aunque los quise despachar para el Río Negro, respondiendo por medio de ellos a dicho Señor, y dándole cuenta de mi arribo a este río, no pude conseguirlo, porque decían quieren pasar aquí el día de mañana, para que descansen sus caballos. A las ocho de la noche los eché en tierra.

Día 20
Este día se les dio de comer a los indios, y se les regaló aguardiente, tabaco, y bizcocho para de noche.

Día 21
Esta mañana se les dio de comer a los indios, y le entregué al que trajo la carta otras, para que llevase al Río Negro al señor don Francisco de Viedma, dándole noticia de mi arribo; así para que hiciesen esta diligencia como por la buena armonía, fueron todos regalados con aguardiente, porotos, bizco-

cho, harina y abalorios, y a las doce del día se pusieron en camino para sus toldos, y el que llevaba la carta dice que en derechura pasará al Río Negro a entregarla.

Día 22
Este día se trabajó en limpiar el barco y la vasijería, y llenarla de agua.

Día 23
Fui a reconocer por tierra la costa de la mar. A las cuatro de la tarde llegué al bordo, y al mismo tiempo llegaron tres indios del cacique Calpisquis, los que se quedaron esta noche: se les dio de comer y aguardiente.

Día 24
A las ocho de la mañana se fueron los indios expresados, y a las cinco de la tarde volvieron con tres chinas, que dicen habían dejado al resguardo de los caballos que traían para vender: se les obsequió de la misma suerte que el día de ayer.

Día 25
A las ocho de la mañana vinieron los indios a que les comprase los caballos, de lo que me excusé, esforzándolos a que fuesen a venderlos al establecimiento del Río Negro; pero no fue posible porque dicen tienen los caballos cansados, y que está lejos, por cuyo motivo querían volverse. En esta suposición se les regaló aguardiente, harina, bizcochos, porotos y abalorios. A las cuatro de la tarde se fueron.

Día 26
Este día, ya un poco restablecido el caballo de lo que se había enflaquecido en la navegación, me fui en él por la costa del mar como seis leguas. A las dos de la tarde di vuelta, y llegué de noche a bordo.

Día 27
Este día estuve a bordo, haciendo componer algunas cosas pertenecientes a su aparejo.

Día 28
A mediodía llegó a bordo el cacique Uzel, con dieciocho indios y la lenguaraz mulata; y porque éste es el que para ahora en el Colorado, y ser el cacique más inmediato a nosotros, lo regalé mucho, como también a todos los indios que le acompañaban.

Día 29
Este día se les dio de comer a los indios, y se les regaló con aguardiente, harina, bizcocho y porotos, y se fueron a las cuatro de la tarde gustosos, pero esta noche me robaron un caballo que había comprado; tal es la fidelidad de estos bárbaros.

Día 30
Este día permanecí a bordo, aguardando respuesta del Río Negro, pues ya tiene el indio que llevó la carta sobrado tiempo para haber vuelto.

Día 1.º de julio
Esta mañana salí a caballo, costeando el río agua arriba, y reconociendo el terreno de sus márgenes, y cuanto más arriba es mejor tierra: caminé como seis leguas, y llegué a bordo con una hora de noche.

Día 2
Este día llovió mucho, por lo que no pude salir de a bordo.

Día 3
De la misma suerte estuvo lloviendo con los horizontes cerrados.

Día 4
Asimismo se mantuvo lloviendo hasta el mediodía. A las cuatro de la tarde llegaron tres indios y dos chinas, los que no se pudieron entender por no haber traído lenguaraz: los obsequié como siempre.

Día 5
A las nueve de la mañana llegaron indios, los cuales ascendieron a sesenta personas entre hombres y mujeres, y entre ellos una china ladina, sobrina del cacique Calpisquis, la que dijo que toda aquella gente era del expresado cacique, que venían a vender caballos y reses por bayeta, ollas, bujerías, bizcocho, sombreros, harina, aguardiente y porotos: los agasajé, dándoles de comer y aguardiente, y se empezó la feria.

Día 6
Amaneció con viento SO fresco, mucha lluvia y truenos, y siguió la feria de los indios, dándoles de comer y aguardiente.

Día 7
Al amanecer empecé a embarcar la vasijería, y todos los útiles que tenía en tierra, para pasar con el bergantín a la otra banda adonde están los indios, por custodiar los animales que compré. A las dos de la tarde me anclé en la parte del N: inmediatamente eché la vasijería en tierra, y con ella hice un corral provisional para encerrar los caballos que compré, y seguí la feria. A las seis de la noche llegó el indio que fue al Río Negro a llevar la noticia de mi entrada en el Colorado, al señor don Francisco de Viedma, con la deseada respuesta de haberla recibido dicho señor, y a todos en general se les dio de comer y aguardiente.

Día 8
Se continuó la feria hasta las tres de la tarde, habiendo comprado diecisiete caballos, cinco vacas y cuatro novillos; asimismo compré lazos, colleras y maneas, y se pusieron en marcha los expresados indios de Calpisquis, quedándose el que trajo la carta con los que le acompañaban. Al anochecer llegaron cuatro indios, dos del Colorado y dos del paraje adonde está el cacique Negro, los que me trajeron de parte de éste un costillar de vaca de regalo, y dijeron que luego que ellos regresasen a sus toldos, quería venir aquí dicho cacique; les mandé dar de comer y aguardiente: se ató el gana-

do vacuno, y se encerraron los caballos. A las dos de la mañana se fueron cuatro reses, que rompieron los lazos con que estaban atadas.

Día 9
Al amanecer mandé la chalupa a cortar palos para hacer un corral, y ensillé caballo para campear las vacas; hallé el rastro, y lo seguí campo adentro, hasta que advertí el caballo algo pesado: me apeé dejándolo refrescar, y me fui a bordo pee a las tres de la tarde. A esta hora despaché todos los indios, habiéndoles regalado aguardiente, bizcocho, harina y porotos. A las cuatro llegó un peón, de los que acompañaban al Superintendente, con la noticia de que estaba ya a más de medio camino del Río Negro al Colorado dicho Señor.

Día 10
Antes de amanecer mandé al bote a que trajese la madera que tuviese cortada la chalupa, y ordenase al patrón de ésta, que navegase el río, aguas arriba, hasta una isla que le señalé, y que allí permaneciese hasta otra disposición. Al mismo tiempo monté a caballo, y con el expresado peón, a tesón de galope, fui a encontrarme con dicho Superintendente, de nueve a diez leguas de donde salimos; sería mediodía, nos pusimos en marcha y vinimos a hacer noche a la orilla del Colorado.

Día 11
Esta mañana salimos costeando el Colorado, aguas abajo, por la parte del S, hasta la citada isla adonde estaba la chalupa, en cuyo puesto determinó dicho señor Superintendente dejar toda la expedición al cargo del alférez de dragones don Francisco Piera, y auxiliándole la chalupa, pasó a la parte del N acompañado del ingeniero don José Pérez Brito, un padre Mercedario y dos soldados, y nos pusimos en marcha por la orilla del río para a bordo del bergantín. Habiendo llegado a bordo hallé la novedad de haber robado las vacas los indios, y que el marinero que las pastoreaba había salido en busca de ellas, y no había vuelto.

Día 12
Fue el bote a remudar la chalupa para que conduzca víveres.

Día 13
Este día salí a caballo, acompañando al señor don Francisco de Viedma que salió a reconocer el terreno. A las tres de la tarde llegó a bordo la chalupa con víveres. A las nueve de la noche hubo noticia, de que el marinero que faltaba lo tenían los indios en los toldos.

Día 14
A las tres de la tarde vino el marinero que faltaba, al cual lo habían apresado los indios en los toldos, y tenían ya como esclavo.

Día 15
Después de mediodía salí en el bote, con el Superintendente y el Ingeniero, a reconocer la boca de este río, a cuyo tiempo llegó el cacique Uzel con algunos indios, y a las cuatro de la tarde volvimos a bordo.

Día 16
Después de mediodía se puso en marcha el Superintendente, con los que le acompañaban, para el Río Negro, dejándome la orden para que yo regresase a dicho río, con toda la expedición con que vine, luego que viniese a bordo la chalupa.

Día 17
Este día mandé porción de la gente de a bordo a cavar tierra para sembrar algunas semillas, y empezó a alistar la vasijería, y a hacer la aguada.

Día 18
Mandé la gente a que siguiesen la sementera, otros a hacer leña para el viaje, y otros prosiguiesen con la aguada. A las dos de la tarde llegó el cacique Negro con sus indios, se le dio de comer y aguardiente: a la noche llegó la chalupa a bordo.

Día 19
Se acabó de hacer la aguada, leña y sementeras: despaché al cacique Negro con sus indios, habiéndole regalado aguardiente, harina, bizcocho y porotos, quedándome listo para por la mañana emprender mi viaje al Río Negro.
Al anochecer vino a bordo el cacique Negro, pretendiendo con fuertes instancias una carta para el Excelentísimo Señor Virrey, para que la condujesen a Buenos Aires cuatro indios que con el Chanchuelo, dice, va a mandar a esta ciudad, a fin de que estos pudiesen pasar por las guardias francamente, y que el dicho cacique con Guchulap, Calpisquis, Toro, Guchan, Canopey y Alcaú juntos, pasaban al Volcán a tomar bagualada, de cuya paraje quería despachar los expresados chasques a Buenos Aires. Y habiendo yo sabido por dicho cacique, que los dichos peones que llevaban carta por tierra a Buenos Aires, llamado, el uno Juan José, y el otro Martínez, los tendrían detenidos en los toldos de Calpisquis hasta el regreso del cacique Negro, a ellos, por haber dicho allí unos indios que nosotros marchábamos con mucha gente y armas para matarlos, motivado de la venida del Superintendente al Colorado, les dije que de ningún modo irían estos indios más seguros, que con los expresados peones, pues llevaban cartas y pasaportes. Les expresé cuanto pude esta seguridad, a fin de que no los detuviesen, y lograsen el viaje que se intenta por tierra; y regalé a este cacique cuanto pude, y a sus indios, encargándole mucho la seguridad del peón Godoy, haciéndoles muchos ofrecimientos a mi regreso al Colorado.
El Chanchuelo me dijo, que el camino que llevaban los dos peones que van a Buenos Aires, es el peor, y que el camino mejor era por cerca de la costa hasta el Volcán, y que desde el Colorado hasta el Quenquen había cinco días de camino bueno.

Día 20
De mañana salí para el Río Negro, y al mismo tiempo se fueron los indios: llegué al Paso de los Faroles, y me fue preciso dar allí fondo para abalizarle.

Día 21
Este día fui a reconocer el principal desagüe del Colorado, y abalicé el paso con cuarenta balizas hasta la Punta de los Zaramagullotes, y me hice a la vela, y al remolque hasta la noche, que di fondo a la expresada punta en dos brazos de agua.

Día 22
Esta mañana, estando el viento al OSO bonancible, zarpé el ancla, y con el bote y chalupa por la proa al remolque seguí la canal, y llegué a las diez para las once a la Horqueta de las Toninas en cuyo paraje largué toda vela, siéndome ya allí dicho viento favorable. Serían ya las doce del día, estaba desembarcado, y goberné al SE 1/2 E hasta las dos de la tarde que di fondo en 5 brazas, a dejar crecer la mar para pasar un bajo y abalizarlo. Habiéndolo abalizado y reconocido, me hice a la vela, y seguí mi navegación, gobernando al S 1/2 SE, hasta el anochecer que di fondo en 4 1/2 brazas de agua.

Día 23
Amaneció con el viento al SO recio, el que a mediodía abonanzó, y mandé el piloto en la chalupa a la barra del Arroyo del Baradero, para que abalizase su canal. A las cuatro y media, habiéndose llamado el viento NNE flojo, me hice a la vela, y navegué hasta la noche que di fondo en 3 brazas de agua.

Día 24
Amaneció claro con el viento por el O, y contrario a mi navegación: a mediodía llegó la chalupa a bordo, dejando abalizada la canal expresada arriba. A las dos de la tarde me hice a la vela con viento ONO, y bordejeando llegué a la primera baliza, y de allí con remolque y espías, llegué al anochecer a fondear dentro de dicho arroyo. A las ocho de la noche entró el viento por el E, flojo, con el que me hice a la vela; y a las diez se llamó el viento a la proa, por lo que di fondo.

Día 25
Se mantuvo el viento de proa, y al remolque seguí hasta las tres bocas, que no pudiendo pasar, di fondo a las dos de la tarde, con viento al E muy flojo: levé, mareé toda vela, y navegué hasta el anochecer, que di fondo en dos brazas hasta la salida del arroyo.

Día 26
Al amanecer me hice a la vela con viento NNO bonancible, gobernando al SSO. A las nueve y media quedé varado sobre un bajo, de los infinitos que hay en estos parajes: por lo que tendí una espía, y con ella a las tres de la tarde salió la embarcación, a cuya hora me hice a la vela, y goberné al SSE hasta la noche, que hallando 10 brazas de agua, di fondo.

Día 27
Al salir el Sol me hice a la vela con NO bonancible, y a las nueve y media varé sobre el bajo grande, frente a los arroyos. A las tres de la tarde con dos espías salí a la canal, y di fondo en 7 brazas, por estar calma, y ser la corriente contraria.

Día 28
Esta mañana me hice a la vela con viento NO fresco, y di fondo en la angostura que hace entre la Isla de las Gamas y la Península de los Jabalíes; y en este paraje, a la orilla del agua sobre la barranca, puse cinco pipas y dos cuarterolas de agua dulce, para que sirvan de socorro a la embarcación que allí vaya con comisión o arribada, y asimismo a los que vayan por tierra.

Día 29
Al amanecer me hice a la vela con viento fresco ONO, y fui a fondear inmediato a Punta Rubia, a fin de abalizar la canal que hace entre ésta y los bajos de afuera, a cuya diligencia mandé el piloto por hallarme yo enfermo, y no pudo poner más que cuatro balizas por la orilla en tierra firme, por ser en los bancos el suelo muy duro.

Día 30
Este día salí, aunque con trabajo, a la Punta Rubia a reconocerla, y puse una baliza sobre un cerro, por la cual se conoce cuando se halla en la canal entre los bajos y tierra firme, y mandé algunos marineros a cazar, porque nos hallamos faltos de carne, a los que se les dieron algunas balas de fusil. Al anochecer volvieron a bordo los cazadores, habiendo traído veinticuatro jabalíes; y se puso el viento de muy mal semblante.

Día 31
Amaneció el viento al OSO muy recio, y luego se llamó al SE de la misma suerte: a mediodía abonanzó, y mandó al contramaestre en el bote a reconocer los bajos de afuera, el que halló canal que sale al SE: al anochecer volví a bordo, y quedaba el horizonte de mal semblante.

Día 1.º de agosto
Amaneció con el viento al OSO recio y contrario para navegar al Río Negro: a las ocho mandé la chalupa a la Punta Rubia, con una cuarterola para que la llenasen de aceite de lobo, que los hay en abundancia. Todo el día se mantuvo el viento de la misma conformidad, y anocheció de mal semblante. A las dos de la noche se llamó al ONO que parecía huracán, por lo que fue preciso dar fondo a la esperanza.

Día 2
Todo este día se mantuvo el viento muy recio, desde el ONO al OSO, hasta la noche que se quedó calma, al cuyo tiempo zarpé la esperanza.

Día 3
Amaneció con el viento al SO fresquito, y los horizontes cerrados. A las diez de la mañana se llamó al SSE recio, y por tener en este paraje poco abrigo, me hice a la vela para adentro, con mayor y trinquete arrizados. Después de mediodía di fondo inmediato a los dos arroyos: todo el día se mantuvo el viento desde el SSE hasta el SSO fuerte con granizo, y así anocheció.

Día 4
Amaneció el viento SO recio, de cuyo modo se mantuvo todo el día, hasta la noche que abonanzó.

Día 5
Amaneció con dicho viento medianamente fresco: a las nueve de la mañana vino la chalupa a bordo, le di víveres para que volviese al arroyo adonde estaba refugiada. Al anochecer se llamó el viento NNO fresquito, y le hice señal a la chalupa para venir a bordo: a las doce de la noche le di víveres, y orden para que a aquella hora se pusiese a la vela, adelantándose a Punta Rubia a embarcar la cuarterola de aceite de lobo, que antes no había podido por la dureza de los tiempos.

Día 6
Serían las dos de la noche cuando metí el bote a bordo, y me hice a la vela para el Río Negro. A las cuatro de la mañana llegué a Punta Rubia, a donde hallé la mar sumamente gruesa; y en medio de la rompiente seguí con la chalupa por la proa, y toqué con la quilla en la cabeza del N de los bancos; con otro golpe de mar salimos, y seguí gobernando al S 1/2 SE por entre el rompidero de la costa, y el de los bajos, que tiene 50 brazas de latitud. Al salir el Sol ya había montado los bajos, y seguí con fuerza de vela viento N fresco, por lograr la pleamar de día en el Río Negro, y poder lograr entrar en él, por estar la mar muy gruesa y el viento contrario para aventurarse a embestir su barra. De noche a las doce llegué a la barra que rompía de punta a punta, y la embestí por la canal del N por entre las reventazones. La menos agua que hallé fueron dos brazas y con todo, era tanta la marejada que tocó algunas veces la embarcación, no calando ésta más que 7 1/2 palmos: pasé la barra y navegué por 3 brazas de fondo hasta la punta del N del río, que me dio el viento de proa, y a fuerza de muchos bordos logré dar fondo dentro del río. A las dos de la tarde ya emparejó seguro, mediante Dios, no pudiendo seguir más adentro por tener la corriente en contra.
A la chalupa no le fue posible embestir la barra por donde nosotros, por la mucha mar que podía sumergirla, y dio vuelta a los bajos, y desde afuera a

remo vino a amarrarse a nuestro costado con mucho trabajo, y a no tener tan buena gente no lo hubiera logrado, ni tampoco entrar en el Río Negro. A las once de la noche me hice a la vela, y con la creciente fui a fondear más adentro, y en mejor paraje.

Día 7
Al salir el Sol, mandé a tierra los marineros para que hiciesen fuego, a fin de que por él viniesen en el establecimiento en conocimiento de mi entrada en este río; y a las diez, me levé, haciendo diligencia de llegar al establecimiento.

Advertencias a los navegantes a estos destinos
1.ª Todo aquel que del Río Negro salga haciendo viajes a la Bahía de Todos Santos, debe emprenderlo con vientos del tercer cuadrante, teniendo presente la hora de la pleamar en Punta Rubia, para doblarla a aquella hora sin perder minuto de tiempo, en esta inteligencia, y en la de que es la pleamar en el Río Negro dos horas antes (con diferencia de pocos minutos) que en Punta Rubia, en las cuales es imposible hacer esta navegación. Deberá salir del Río Negro a media marea creciendo, y precisamente por la canal del N de su barra, y en este caso tiene cinco horas para navegar esta distancia, que con un pampero fresco, haciendo fuerza de vela, es tiempo suficiente para hallarse, en dicha Punta al punto de la marea: no debiendo separarse a doblarla más que 18 pasos de la baliza que en ella está clavada, por ser la canal sumamente angosta, y precisa al pasar por ella, en cuanto no se haga otro reconocimiento más prolijo, en que se sepa si hay otro paraje que proporcione la entrada en dicha bahía con mayor facilidad.

2.ª Si los vientos con que salga del Río Negro fueren bonancibles, y en el término arriba expresado viere que no puede alcanzar a Punta Rubia, deberá mantenerse inmediato a Punta Rasa a la vela, o dado fondo, contando con 14 horas que tiene precisamente que estar afuera; pues corriendo la costa desde esta punta hasta la Rubia N S de la aguja, y desde ella para el Río Negro, NE SO asimismo de la aguja, si le entra algún tiempo, nunca le puede ser enteramente travesía, pues el más travieso lo deja navegar en 10 cuartas, y así se halla, estando en este paraje, en términos de seguir su viaje, o retroceder al Río Negro, San José o San Antonio, a refugiarse; lo que no sucederá si se hallare a sotavento o barlovento, de la expresada Punta Rasa.

3.ª Si hallándose ya al N de Punta Rasa, te entrare algún tiempo del S SSE SE, y más si fuere de noche, procurará aguantar hasta que considere ser tiempo de seguir a embestir a Punta Rubia a la hora de pleamar, sin pensar en amarrarse; porque en la latitud de 40º 45' toqué yo con la quilla de la embarcación que hoy tengo a mi cargo, cuando vine al reconocimiento del Río Negro al principio de la expedición, y en 12 palmos de agua no se ve la tierra, y sí el horizonte cerrado, de lo que revienta la mar encima de los bajos: cuya advertencia puede servir también a los que viajan a Buenos Aires, para que les den el correspondiente resguardo.

4.ª Si doblando Punta Rubia le diere el viento escaso, puede dar fondo, pues estando ya de la parte de adentro, no hay mucha marejada, porque esta quiebra en los bajos de afuera: pero con la advertencia de que sea con la mejor ancla que tenga, por la mucha corriente que hay. Esto es en caso de estar la marea parada o bajando, que si creciere, puede, aunque sea el viento enteramente de proa, voltejear, pues con la ayuda de la corriente, que lo menos que corre en las cuadraturas lunares es 4 millas, muy breve se hallará al O de la Isla de las Gamas, e inmediato al Arroyo Hondo, en cuyo sitio puede dar fondo, sin que temporal alguno le pueda incomodar. Pero de ningún modo permanecerá fondeado en Punta Rubia más tiempo que hasta que la marea empiece a crecer porque, además de la mucha corriente, es malísima la tenazón, y mucho fondo, por lo que debe hacerse a la vela antes que la marea tome mucha fuerza, que de lo contrario le costará mucho trabajo. Los bordos que diere puede rendirlos en tierra, que es todo limpio y hondable hasta el viril, pero tendrá sumo cuidado con el bajo de afuera, por no dar de mucho fondo de repente sobre él.

5.ª Estando ya adentro de la angostura que hace la Isla de las Gamas con tierra firme, se puede dar fondo en toda la bahía sin cuidado; teniéndolo solo de que no sea sobre algún bajo, y atendiendo a que si diere fondo en pleamar, le quede agua suficiente cuando ésta baje para quedar en flote: en la inteligencia que lo que crece y mengua en este paraje en las mareas ordinarias, y con viento del cuarto cuadrante, es braza y media, y con los vientos de afuera crece mucho más, y según la fuerza de los temporales que la impelen.

6.ª Pasando de la Bahía de Todos Santos a Bahía Anegada, es menester atender a la diferencia que hay en las mareas de una a otra, que es de 3h 27' (como se deduce de las observaciones que se expresan en el diario), para poder navegar y fondear con la posible seguridad, de no quedarse sobre algún bajo, de los infinitos que tiene: en inteligencia de que, con corta diferencia, tanto crece y mengua en una como en la otra.

7.ª Ninguno debe navegar de noche en ninguna de estas dos bahías, por no arriesgarse a quedar varados; y en cualquiera paraje de ellas que dé fondo, puede estar seguro de su tenazón.

8.ª De día se debe navegar de dos tercios de marea, creciendo para adelante, a fin de tener agua sobre los bajos para pasar, y al mismo tiempo si varare, puede con facilidad sacar la embarcación, creciendo el agua.

9.ª El paraje se señala con cuatro anclas al O de la Isla de los Lobos, de 4 y 5 brazas de aguas, que entra a la Canal de Villarino; es de fuertísima tenazón, y si sale a la mar ancha, sin bajos que estorben la entrada en él, embarcaciones mayores, como lo creo con bastante probabilidad, podría muy bien servir para refugio de ellas, y hacer aguada, porque el paraje es segurísimo, y desde allí al Colorado ya seguro cualquier cayuco, desde el cual haciéndose a la vela para el Colorado hasta la Punta de los Zaramagullones, deberá navegar de día y de bajamar, porque cuando está ésta crecida, se cubre todo el desplayado y no se conoce la expresada canal; y al contrario, de bajamar todo queda en seco, a excepción de ella. Y para navegarla de continuo se necesita abalizarla, bien entendido, que toda la distancia que hay desde la Punta de los Lobos hasta el Colorado, es puerto seguro; y entrando dentro de la canal expresada, con toda seguridad, se puede navegar, hasta con canoas.

10.ª Desde la Punta de los Zaramagullones hasta entrar en el Colorado, debe navegar de marea crecida, y a cualquiera hora, arrimando el costado de la embarcación a las balizas, que allí dejé puestas a mi salida, dejándolas por la parte de babor.

11.ª Para venir del Colorado al Río Negro es menester, inmediato al Arroyo Hondo, esperar viento al propósito para hacer esta navegación, particularmente si es por el invierno, cuando los días son cortos, los temporales muchos, y las noches penosas, largas y arriesgadas en estos. Los vientos mejores son de NE al NO. En esta atención debe salir de Punta Rubia a la pleamar, y hacer bastante fuerza de vela, a fin de llegar al Río Negro en el mismo día de marea crecida, y entrar por la canal del N de su barra. Luego que la pase por la canal expresada, orzará a arrimarse a la punta del N que forma la boca del río, así por tomar del mismo bordo el fondeadero, como por dar resguardo a un bajo chiquito que se halla a sotavento.

12.ª Siempre que los vientos sean del segundo o tercer cuadrante fuertes, y haya mucha mar de leva, de ningún modo entrará por la expresada canal del N de la barra, porque en este caso es mucho más seguro entrar por la del S, en la cual no altera tanto la mar como en la del N, por quebrar en los bajos de afuera, y los vientos expresados son en aquella favorables.

13.ª Habiendo mucha marea de leva (esto es de un temporal desecho) debe tener presente, que en la canal del N altea la mar mucho, porque no tiene resguardo alguno de la parte de afuera, y el que viniere a entrar por ella, debe contar con 9 palmos de alzada: cuya experiencia hice en este viaje, que asegurado de la agua que había, por las repetidas observaciones que tengo hechas, y que precisamente tenía lo menos dos brazas, embestí la barra que rompía de punta a punta, con marejada tan disforme cual nunca he visto en ella, y halló las dos brazas mencionadas; pero toqué muchas veces, mandando la embarcación solo 7 palmos de agua.

14.ª Desde el Río Negro al Colorado pueden muy bien navegar chalupas, y barquear de una parte a otra víveres y algunos útiles, teniendo agua en el paraje a donde ahora dejé las pipas; y aunque salgan del Río Negro con un pampero desecho, no hay que temer, porque van abrigadas, no separándose más que una cuadra de la costa; y como mandan poca agua, hallan entrada a cualquier hora en Punta Rubia, y doblada esta, cualquier bote con seguridad puede navegar al Colorado. Pero si se estableciese trajín de un río a otro, serían a propósito balandras o goletas, que cargadas no mandasen arriba de 5 ó 6 palmos de agua, las cuales hallan agua a un tercio de marea creciendo, para pasar por todas las barras, y sobre todos los bajos que hay de una a otra parte.
Las advertencias referidas, de las cuales me parece no debe ningún navegante despreciar lo más leve, las sujeto como debo a la corrección de mejor juicio, y a la enmienda de lo que en lo sucesivo vaya adelantando la experiencia: que así como ésta fuere creciendo, así habrá más que añadir y quitar; y más si se hace exacto examen de esta costa, las dos bahías por la parte de afuera, sus bajos y canales que entran a ellas, levantando creo geométricamente su plano, y balizando algunos canalizos para mayor seguridad de las embarcaciones; lo que a mí me ha sido imposible ejecutar, así por lo rigoroso de la estación, como por la poca proporción que tuve, que, como conocen los inteligentes, se necesita para ello de mucho más tiempo, estación proporcionada, y mayores arbitrios.

Nota. El puerto que está al O de la Punta de los Lobos, señalado con cuatro anclas, del cual hago referencia en la advertencia 9.ª, además de ser segurísimo y capaz de anclar en él muchas embarcaciones mayores y menores, tiene la gran ventaja de que solo puede servir para que nuestras embarcaciones vayan a él a proveerse de lo necesario: lo que no puede hacer otra ninguna embarcación que no sea de la nación o de alguna aliada nuestra; pues siendo enemiga, no puede por camino alguno hallar ningún socorro. La razón es porque embarcaciones mayores no pueden llegar al Colorado, y aun lanchas y botes es menester esperar marea para entrar más adentro de la Punta de los Zaramagullones, y precisamente a tiro de piedra de tierra, que no hay más distancia que 60 brazas. Antes del expresado sitio, ni aun en él, desde la Punta de los Lobos, es imposible hacer desembarco, por no ser transitable por el fango suelto de que se compone todo aquel terreno; en cuyo supuesto la embarcación, que por los nuestros, o con su consentimiento (en caso de estar habitado el Colorado) no sea socorrida, no tiene más arbitrio que perecer, entregarse o marcharse.

El fango, de que digo que está compuesto este paraje, es tan que un perro suelto, especialmente por las orillas de los arroyos, que en una ocasión saltó al bote, y nadando salió al expresado fango, tuvimos que ir con el mismo bote a buscarle, porque luego que se clavó ya no pudo salir.

Algunos de los marineros que llevé se han visto en bastante riesgo de perder la vida, queriendo hacer pruebas a veces al pasar algún pantano o arroyo, que por casi seco les parecía chico.

Y últimamente, siempre que este puerto tenga salida libre a la mar, como con bastante fundamento lo presumo, vuelvo a decir, que me parece solamente bueno para la nación que ocupe el Colorado.

A bordo del bergantín Nuestra Señora del Carmen y Ánimas, al ancla en el Río Negro, a 8 de agosto de 1781.

Basilio Villarino

Libros a la carta

A la carta es un servicio especializado para
empresas,
librerías,
bibliotecas,
editoriales
y centros de enseñanza;
y permite confeccionar libros que, por su formato y concepción, sirven a los propósitos más específicos de estas instituciones.

Las empresas nos encargan ediciones personalizadas para marketing editorial o para regalos institucionales. Y los interesados solicitan, a título personal, ediciones antiguas, o no disponibles en el mercado; y las acompañan con notas y comentarios críticos.

Las ediciones tienen como apoyo un libro de estilo con todo tipo de referencias sobre los criterios de tratamiento tipográfico aplicados a nuestros libros que puede ser consultado en Linkgua-ediciones.com.

Linkgua edita por encargo diferentes versiones de una misma obra con distintos tratamientos ortotipográficos (actualizaciones de carácter divulgativo de un clásico, o versiones estrictamente fieles a la edición original de referencia).

Este servicio de ediciones a la carta le permitirá, si usted se dedica a la enseñanza, tener una forma de hacer pública su interpretación de un texto y, sobre una versión digitalizada «base», usted podrá introducir interpretaciones del texto fuente. Es un tópico que los profesores denuncien en clase los desmanes de una edición, o vayan comentando errores de interpretación de un texto y esta es una solución útil a esa necesidad del mundo académico.

Asimismo publicamos de manera sistemática, en un mismo catálogo, tesis doctorales y actas de congresos académicos, que son distribuidas a través de nuestra Web.

El servicio de «libros a la carta» funciona de dos formas.

1. Tenemos un fondo de libros digitalizados que usted puede personalizar en tiradas de al menos cinco ejemplares. Estas personalizaciones pueden ser de todo tipo: añadir notas de clase para uso de un grupo de estudiantes,

introducir logos corporativos para uso con fines de marketing empresarial, etc. etc.
2. Buscamos libros descatalogados de otras editoriales y los reeditamos en tiradas cortas a petición de un cliente.

www.ingramcontent.com/pod-product-compliance
Lightning Source LLC
Chambersburg PA
CBHW031943070426
42450CB00006BA/864